As 7 Chaves Mestras para o sucesso com a Criação Deliberada

Verdadeiras lições para manifestar os seus milagres

PETER D. ADAMS

Sete Chaves Mestras para ter sucesso com a Criação
Deliberada

Publicado nos Estados Unidos da América.

ISBN-13: 978-1-7351381-7-6

SUMÁRIO

SOBRE O AUTOR

Peter Adams é filantropo, professor e mestre da Lei da Atração e da Manifestação. Estudou com os melhores professores de todos os tempos e combinou os seus ensinamentos com técnicas específicas que usou com sucesso para criar milagres em sua própria vida.

Desde 2004, é empresário em tempo integral em vários áreas do setor imobiliário e financeiro. Como autor e professor, ele agora sente que é hora de compartilhar suas técnicas e conhecimento com outras pessoas para melhorar significativamente a satisfação e a qualidade de suas vidas.

Peter serviu orgulhosamente seu país como pára-quedista em um destacamento de vigilância de longo alcance do exército dos Estados Unidos

(LRSD). Seus interesses incluem: leitura, golfe, tênis, esqui, caminhadas e competição em eventos esportivos de resistência. Ele foi sete vezes finalista do Campeonato de Triathlon Ironman, que consiste em uma prova de natação de 3.800 metros, uma corrida de ciclismo de 180 km e uma maratona de 42,2 km. Em outubro de 2005, como corredor número 813, competiu e orgulhosamente terminou o Campeonato Mundial Ironman, em Kailua-Kona, Havaí.

Peter Adams e sua esposa Robin estão casados há mais de 24 anos e passam tempo desfrutando de uma vida ativa e plena entre a Flórida, o Colorado e o Havaí.

INTRODUÇÃO

Do meu diário:
2 de Agosto de 2010
Breckenridge, Colorado

De uma maneira fácil e relaxada, de uma forma saudável e positiva, eu estou construindo agora total abundancia e sucesso financeiro. Para o bem maior de todos os envolvidos, isto ou algo melhor está se manifestando agora em nosso nome. Hoje é mais um dia mágico, em Breckenridge. No momento em escrevo estas palavras, estou desfrutando de uma xícara de café, sentando no deck do chalé dos meus sonhos. O local a que me refiro é simplesmente A CASA do meu quadro da visão!!!

Não tenho certeza se consigo compreender o que aconteceu nos últimos três dias. Na ver-

dade, remonta a dezembro de 2006, quando tirei fotos do Colorado, incluindo as fotos desta casa, para o meu quadro de visão. Está sentado aqui hoje, com vista para o campo de golfe e para a cordilheira Tenmile Range, é como estar em um sonho. É uma sensação que me lembra muito a prova de ciclismo, do campeonato mundial de Triathlon Ironman no Havaí, quando eu ficava me perguntando se não estava pedalando no céu. Hoje é praticamente a mesma coisa. É uma prova inegavelmente concreta de que o Universo lhe dará tudo o que você solicitar. Pensei o mesmo quando cheguei ao campeonato mundial de Triathlon em Kona, Havaí, mas como participei da loteria para entrar na corrida, sempre havia a chance de que eu tivesse sido escolhido aleatoriamente, embora eu tenha me visualizado na corrida todos os dias, por três meses e meio. Agora, com este recente milagre / criação / manifestação, estou convencido, sem qualquer sombra de dúvida, que podemos ser, fazer ou ter qualquer coisa neste mundo se vermos, acreditarmos e sermos gratos por isso. Esta é uma história que devo compartilhar. Obrigado, Senhor, por isso e por todas as bênçãos que virão.

Obrigado!!!

Este foi um registro maravilhoso que fiz no meu diário há quase sete anos e que me levou a escrever o meu primeiro livro Manifestação Visual – Como Eu Manifestei a Vida dos Meus Sonhos. Você Também Pode! Eu teria colocado este trecho no livro se tivesse lembrado! Na verdade, eu só o encontrei algum anos depois, quando folheava os meus diários. Lembro de tê-lo escrito na varanda da casa do Meu Livro da Visão no mesmo dia em que fiz esta foto. Sabendo o quão poderosa ela é, decidi compartilhá-la neste livro. Já se passaram quase cinco anos desde que eu escrevi meu primeiro livro e posso afirmar que ele foi a porta de entrada para mais milagres em minha experiência de vida. O crescimento espiritual que experimentei também foi transformador. As circunstâncias certas me levaram para o meio das montanhas da Carolina do Norte para um período sabático de seis meses. Inicialmente, meu plano era escapar do calor do verão da Flórida, mas acabou se tornando uma jornada interior.

O que compartilharei com você não será nada superficial, mas fruto da minha experiência pessoal. Algumas coisas podem parecer quase impossíveis para serem verdadeiras, mas garanto que são. Ao escrever este livro, minha intenção é dar-lhe tudo que precisa para manifestar a vida dos seus sonhos.

Depois de ler este livro, você terá as ferramentas necessárias para fazer exatamente o que eu fiz. Caberá, então, a você embarcar nesta jornada para, deliberadamente, criar e viver a vida de seus SONHOS!

DA LEI DA ATRAÇÃO PARA A CRIAÇÃO DELIBERADA...

Gostaria de começar falando sobre a Lei da Atração, que para a maioria das pessoas é algo esotérico. Elas podem ter ouvido o termo, mas não conseguem descrevê-lo em detalhes se você lhes perguntar. Eu sei como é isso, já que nunca tinha ouvido falar sobre o assunto até por volta do ano de 2006, quando vi o filme O Segredo e depois li o livro de Esther Hicks chamado A Lei da Atração. O que é engraçado, já que estava trabalhando nisso há anos e nunca tinha ouvido falar. Todas as manhãs, trabalhava com a natureza divina durante a minha "hora de poder". Usava técnicas que desenvolvi por conta própria, intuitivamente, e praticava na praia.

Essas técnicas, que mais tarde se tornaram

meu sistema *VisualFestation*, mudaram completamente a minha trajetória. Antes que eu percebesse, a minha vida passou por um turbilhão de eventos e foi tão incrivelmente bom que era quase impossível compreender... De fato, passei de viver a vida dos meus sonhos, na minha imaginação, para realmente vivê-la em minha realidade.

Percebi, bem no fundo, que havia algo grande acontecendo e que se eu pudesse controlar e dirigir esse poder, poderia manifestar essencialmente qualquer coisa. Esse fato foi confirmado no ano seguinte, quando ganhei na loteria para entrar no Campeonato Mundial de Triathlon Iroman, em Kailua Kona Havaí, em 2005. Depois dessa experiência, eu sabia que meu "sistema" funcionaria para tudo o que eu desejasse. Lembro-me de quando estava começando a me interessar por física quântica. A física quântica revelou, essencialmente, que uma observação em um ambiente de laboratório poderia ser afetada pelas mentes dos cientistas que faziam as experiências. Esse foi um insight incrível sobre o que se manifestou em minha vida. O significado potencial, em uma escala maior, ficou claro. Se a mente, e o pensamento dirigido, pudesse controlar os eventos que vivenciamos, poderíamos manifestar qualquer coisa por meio do uso adequado e focalizado de nossa imaginação. No fundo, eu sabia que isso era verdade. Foi neste estado de consciência que descobri que eu era um co-criador atuando com a Lei da Atração. Fiquei nessa fase de compreensão por cerca de sete anos. Em 2010, manifestei a casa que tinha colocado no meu quadro de visão quatro anos antes e, quando isso aconteceu, algo dentro de mim "mudou". Experimentei o que pode ser descrito como um verdadeiro "conhecimento". Perceber que não havia nenhuma outra explicação, exceto a de que eu tinha executado uma manifestação bem sucedida, despertou-me para o fato de que havia mais coisas acontecendo em nossa realidade do que podíamos imaginar. Era quase como se eu tivesse descoberto um grande segredo sobre nós mesmos e fosse uma das poucas pessoas que ousariam a discutir o assunto. Para a religião dominante, isso era como pura heresia e, para a esmagadora maioria no mundo, algo que nem eles podiam compreender como verdade.

Conhecer esta verdade e usá-la de forma adequada, pode mudar a vida de qualquer pessoa. Escrevi meu primeiro livro Manifestação Visual para compartilhar esse conhecimento com o mundo da maneira mais direta que pude. Colocar tudo no papel apenas reforçou a minha ideia de que essas técnicas funcionam, sem sombra de dúvidas. Negar o trabalho que fiz, e o que manifestei como resultado, seria como argumentar contra fatos concretos. A teoria da Lei da Atração passou do simples "pensamento positivo" à manifestação real. Essencialmente, mesmo com um entendimento limitado de como Deus opera, muitas pessoas estavam obtendo resultados reais em suas vidas.

CRIAÇÃO DELIBERADA

Depois de escrever o livro, experimentei uma abertura de consciência e um crescimento exponencial. Era como se o Espírito soubesse que eu poderia lidar com mais informações sobre nossas habilidades e poderes de criação e como se eu estivesse sendo informado dessas verdades. Quanto mais compartilhava com outras pessoas, mais recebia. Com mais conhecimento, confiança e fé na minha capacidade de manifestar o que desejava, as coisas estavam se manifestando ainda mais rápido e com resultados surpreendentes. Conforme o tempo passava, mais "verdades" surgiam em meu ser. Na verdade, sabia que eu era um espírito tendo uma experiência física e não o contrário, como a maioria das pessoas acredita. Nos últimos três anos, as informações que recebi do Espírito têm sido incríveis. Acredito que isso vai abrir a sua mente.

A princípio achei que falar sobre este assunto, afastaria algumas pessoas. Depois de meditar sobre isso, porém, percebi que essa informação poderia ajudar muitas pessoas. O que parece complexo hoje poderá parecer normal para você amanhã, à medida que sua compreensão aumenta.

Eu avisei que iria aprofundar a nossa jornada, então vamos lá.

Realidade...

O que exatamente é a realidade? A maioria das pessoas acredita que tudo o que podem ver, sentir ou tocar é sua realidade. Há muito mais coisas acontecendo do que a realidade aparenta. Em minha experiência, percebi que somos criadores deliberados de nossa experiência de vida e nem mesmo nos apercebemos disto.

Vivenciei alguns momentos esclarecedores na meditação, que me ajudaram a compreender um pouco melhor nossa experiência humana e vi como a Lei da Atração funciona. A informação veio a mim, no outono de 2015, nas montanhas da Carolina do Norte. Um amigo compartilhou comigo algumas meditações guiadas que havia comprado.

Sendo alguém que sempre quer aprender mais, reservei alguns momentos de silêncio e escutei as seis meditações que me deram insights incríveis sobre minha experiência de vida e sobre a nossa realidade como um todo. Se você quiser saber sobre o que é sua experiência de vida, precisará se sentir confortável com os conceitos que abordaremos aqui.

Antes de prosseguir, entenda que o que estou prestes a lhe dizer é o que descobri ser VERDA-DEIRO para mim. Todos nós temos direito a ter as nossas próprias crenças. É assim que a nossa vida funciona. Se suas crenças diferem completamente das minhas, isso é perfeitamente compreensível e eu o respeito sinceramente. Nem todos estarão prontos ou abertos para o que estou prestes a compartilhar, mas esteja ou não aberto, a verdade permanece a mesma. A verdade a que me refiro é que cada um de nós cria deliberadamente sua própria experiência de vida. Quer você acredite honestamente nisso ou não, é a verdade, e já provei isso várias vezes em minha vida. Infelizmente, a grande maioria das pessoas no mundo não entende isso.

Uma coisa que pode parecer um pouco desconfortável no início, é entender que você é 100% responsável por sua vida. Se sua vida é incrível, dê um grande abraço em si mesmo! Se sua vida não está indo tão bem, na sua opinião, o que você está prestes a aprender neste livro irá mostrar como você pode mudar tudo. Você veio para esta existência para ter uma experiência maravilhosa. Estou aqui para lembrá-lo desse fato e também para lhe mostrar como alcançá-lo.

Quando você fala sobre assuntos como Deus ou religião, na maioria das vezes, as pessoas têm uma opinião muito definida sobre o que isso significa para elas. Peço-lhe que, por um instante, coloque essas crenças poderosas de lado e apenas ouça o que vou lhe dizer.

Muitos anos antes de conhecer sobre o assunto, tive um sucesso extraordinário trabalhando com a Lei da Atração. Claro que ter um conhecimento aprofundado da sua experiência, torna mais fácil criar deliberadamente aquilo que deseja. Você não precisa saber como vai acontecer o que está escrito no seu livro da visão, mas precisa ter fé absoluta de que vai funcionar, se quiser ter resultados verdadeiros.

Meu verdadeiro despertar para a criação de nossa realidade me foi revelado em 15 de outubro de 2005. Eu estava na Ilha Grande, no Havaí, competindo no Campeonato Mundial de Triathlon Ironman. Presumo que você tenha lido o Capítulo 2 do meu livro Manifestação Visual e saiba tudo sobre a incrível experiência que tive durante aquele dia. Uma coisa que não incluí naquele capítulo foi a revelação espiritual que tive enquanto corria parte da maratona. Estava escuro como breu, na Rodovia Queen K, e eu estava sozinho a cerca de 24 quilômetros da corrida. O que me veio telepaticamente foi que eu havia criado toda aquela experiência. Ver os pés dos nadadores batendo forte, à minha frente, na prova de natação, e o helicóptero voando, por cima da minha bicicleta, enquanto eu voltava para Kona, na prova de ciclismo, parecia uma cópia carbono do que eu havia visualizado meses antes de ser sorteado para participar do evento.

A informação me chegou, telepaticamente, de uma maneira calma, direta e clara. A mensagem espiritual que recebi, essencialmente dizia que criei toda aquela experiência, e que não havia nada que eu não pudesse criar, se assim desejasse. Sinceramente, demorei cerca de dez anos para processar o que veio a mim naquela noite.

Ganhar naquela loteria foi demais. O fato de podermos criar deliberadamente toda a nossa realidade era um pouco "uau!" para mim naquela época, mas agora é algo normal.

Recebi outra revelação incrível sobre a criação deliberada, enquanto estava fazendo uma meditação guiada na Carolina do Norte. Vi que nossa realidade é criada por meio de nossa vibração pessoal e que as coisas parecem se manifestar quando fazemos uma conexão energética com uma grande e complexa rede composta por meridianos de energia. Para mim, isso fez todo o sentido e confirmou muito do que eu já acreditava. Essencialmente, a criação já está feita e concluída. Deixe-me explicar o que quero dizer com isso: tudo o que você poderia desejar já foi criado e, Essencialmente, está esperando pelo seu comando para trazê-lo à sua experiência presente. Uma vez que compreenda isso, a manifestação simplesmente se resume a entrar na vibração certa para materializar tudo o que você deseja trazer para a sua experiência. A maneira mais eficaz de fazer isso é "saber" que já está feito e vivenciar a experiência em sua imaginação com um sentimento de já ter alcançado.

Espero que essas explicações não o deixe mais confuso ainda. Isso é, simplesmente, o que me foi revelado e provou ser verdadeiro em minha experiência. As técnicas que lhe ensinarei neste livro FUNCIONAM. Como eu disse, você não precisa entender como funciona a máquina da criação, mas precisa saber operá-la a seu FAVOR e é isso que vamos aprender aqui.

Então, vamos começar...

A EXPERIÊNCIA

Agora que você sabe que cria sua realidade, é hora de viver de acordo com o seu projeto em vez de viver pelo seu padrão atual. A maioria das pessoas acreditam que a vida está "acontecendo", como se fosse algo fora delas. Por mais normal que pareça, está errado. O que elas estão observando é uma ilusão criada por seus pensamentos, sentimentos e crenças sobre si e sua realidade.

Imagine, por um momento, que estivesse tendo um longo sonho, mas acordado... Para dar um passo adiante, imagine que pode controlar até aonde esse sonho vai e os eventos que experimentará nele. Você pode reler este trecho para entender melhor o que estou explicando. Não estou dizendo que sua experiência de vida não seja real. Sim, ela é. Provavelmente, não da forma como você aprendeu antes. A maneira mais fácil de compreender isso é perceber que você é um ser espiritual, tendo uma experiência humana. Aparentemente, isso é simples, mas quando você analisa o verdadeiro significado, percebe o quão profundo é. A experiência humana parece tão real quanto pode ser. Os seus cinco sentidos estão, constantemente, comunicando de volta à sua mente a mensagem de que tudo que é palpável é na verdade a sua única "realidade". Então, tudo leva a crer que você está aqui e que é um ser físico. Ouvir qualquer coisa diferente, soa como se algo estivesse errado, pois vai contra tudo o que você parece vivenciar no dia-a-dia. Você foi moldado para acreditar, desde o início, que era assim, então deve ser verdade.

Acordos...

Como a maioria pode ignorar a sua essência espiritual?! Essa é uma ótima pergunta e a resposta pode parecer um pouco simples demais para uma coisa tão complexa como nossa realidade, mas tudo se resume a uma palavra, que é "acordos".

Os acordos a que me refiro são conhecidos como "acordos de pré-vida".

Essencialmente, para você vir para esta experiência terrena / humana, o maior acordo que você aceitou foi concordar em esquecer, temporariamente, que era realmente um ser espiritual. Como parte do processo, também concordou em esquecer que tinha o poder de criar sua experiência. Se o tempo todo você soubesse que tinha esse poder, teria usado para mudar qualquer coisa que lhe pudesse causar dor, como perder um ente querido. Se evitasse a dor, não teria uma experiência humana plena, motivo pelo qual está aqui e agora.

Existem também outros acordos que você fez, dos quais provavelmente não se recorda.

Você sabia que escolheu quem seriam seus pais nessa experiência, antes de chegar aqui? Você pode estar pensando que é a coisa mais maluca que já ouviu. Por que diabos escolheria ter pais que, em sua mente, são tão "confusos"? O motivo pelo qual os escolheu diz respeito ao que você ganharia ou aprenderia com essa experiência. Deixe-me compartilhar uma experiência pessoal de vida como exemplo. Eu sou nove anos mais novo do que o meu irmão mais próximo e nasci por um "acidente". Você pode imaginar a descrença dos meus pais, em meados dos anos 60, quando minha mãe, com mais 40 anos, descobriu que estava grávida de novo. Sendo muito mais jovem que meus irmãos, cresci com um grande grau de independência, especialmente depois que minha mãe faleceu, quando eu tinha 6 anos. Pode parecer trágico e, acredite, perder um dos pais quando você é criança é tudo menos divertido, mas isso forçou-me a ser mais independente e auto-suficiente. Essas foram duas das características que eu queria ter, como parte da minha experiência, para alcançar o meu propósito aqui.

Quando você aprende sobre a existência de acordos pré-vida, muitas coisas que parecem não fazer sentido, de repente fazem todo o sentido. Quantas vezes você já ouviu alguém dizer: - "como um Deus amoroso poderia deixar esse tipo de coisa acontecer?", quando veem ou ouvem sobre o que lhes parece um acontecimento trágico. A verdadeira razão subjacente pode muito bem ter sido um acordo pré-vida destinado a ajudar alguém em sua jornada de vida a ter coragem para superar um enorme desafio que, de outra forma, não teria experimentado. O que parece ser um caos absoluto, na verdade não é. São apenas almas diferentes, vivenciando a experiência de vida com a qual concordaram previamente. Outras coisas com as quais você concordou, antes de chegar aqui, foi se seria homem ou mulher e qual seria a sua orientação sexual. Não há nada de errado consigo como a sociedade, muitas vezes, o leva a crer. Então, seja VOCÊ mesmo. É para isso que está aqui! Se abrace e se ame exatamente assim como você É, perfeito.

Déjà vu...

Outro segredo de todos os tempos é que a reencarnação é real, e você tem a chance de retornar à experiência humana e muitos de nós temos inúmeras vezes. Você não se lembra disso como parte de sua experiência atual e a razão é para que você não fique obcecado com sua vida ou vidas passadas, mas em vez disso, concentre-se 100% em sua experiência atual. Quando você passa por aqueles momentos em que jura que já esteve em algum lugar antes ou que encontrou alguém pela primeira vez e sente como se os conhecesse desde sempre, provavelmente conhece e conhece. Apenas aceite isso e siga em frente sabendo que você realmente nunca deixará de ser espírito e que você é atemporal.

Uma coisa que aprendi com minha própria experiência de vida anterior é que podemos carregar a bagagem de Outra coisa que permaneceu em segredo por muitos anos, é que a reencarnação é real e você tem a chance de retornar à experiência humana e, muitos de nós, inúmeras vezes. Você não se lembra disso como parte de sua experiência atual. A razão disso é para que não fique obcecado com sua vida ou vidas passadas, mas concentre-se 100% na sua existência atual. Quando você passa por aqueles momentos em que jura que já esteve naquele lugar antes, ou que encontrou alguém pela primeira vez e sente-se como se já o conhecesse há muito tempo, provavelmente conhece. Apenas aceite isso, e siga em frente, sabendo que realmente nunca deixará de ser espírito, pois é atemporal.

Uma coisa que aprendi, com minha própria experiência de vida anterior, foi que podemos carregar a bagagem de uma experiência anterior para a próxima. Questões emocionais, não resolvidas nesta vida, estarão com você em sua próxima experiência de vida, e continuará assim até que sejam resolvidas para que possa seguir em frente. Para dar um exemplo disso, deixe-me novamente falar algo de minha experiência pessoal.

Em uma vida passada, que me foi revelada quando estava em meditação profunda, fui um pioneiro, a viver nas montanhas do Oeste americano, por volta do ano de 1860. Na visão, eu me vi cruzando algumas montanhas cobertas de neve com um cavalo de carga. Estava em meio a uma terrível tempestade de inverno. Era noite e tentava voltar para a cabana onde morava com a minha esposa e o meu filho pequeno. A certa altura, a trilha que eu atravessava cedeu e, mergulhei para a morte, caindo de um penhasco. Naquele momento, lembro de ter sentido uma tremenda sensação de culpa por saber que não iria voltar para casa e que deixaria minha família desemparada, entregue à própria sorte.

Quando eu era criança, com cerca de 5 anos, tive o mesmo sonho, quase todas as noites, durante cerca de um ano. No sonho, eu estava sendo perseguido por alguma coisa e, em um ponto, havia um paredão, da qual tinha de pular para escapar daquilo que me perseguia. Eu pulava e caia em um vazio interminável, até que acordava apavorado. A experiência de "cair para a morte" é algo que veio daquela vida passada, mas eu nunca havia entendido. De repente, aquele sonho fez todo o sentido.

Outra coisa que compreendi com aquela experiência anterior, foi a quase obsessão que sempre tive por ser a pessoa com quem todos pudessem contar quando algo importante precisava ser feito. Tudo bem se eu conseguisse, mas se decepcionasse alguém, sofria uma culpa tremenda que não era compatível com o evento real. Basicamente, em uma escala de um a dez, sendo dez a mais alta, o que deveria ser uma avaliação de três para uma reação normal, eu sempre vivia uma decepção interna em torno de dez. Sinceramente, nunca entendi por que aquilo me afetava tanto até que vi o que aconteceu naquela vida passada e, novamente, tudo se encaixou e fez sentido. Eu ainda carregava aquele sentimento de culpa por não ter voltado para minha família, naquela vida. Quando você chegar no âmago, verá que toda a realidade que vivencia é impulsionada por suas crenças e emoções internas. Essencialmente, sua realidade é um espelho que reflete de volta o que acredita sobre si mesmo e o mundo em que vive. Saber que você pode mudar o reflexo, (sua realidade) mudando seus pensamentos, crenças e emoções é algo poderoso. E a verdade é que VOCÊ PODE!

A Experiência Coletiva do Mundo

Assim como você, existem aproximadamente 7,6 bilhões de outros espíritos tendo uma experiência humana na terra, neste momento. Essa é uma quantidade impressionante de diferentes realidades individuais, acontecendo simultaneamente. Eu imagino que menos de 1% da população mundial já tenha ouvido falar da Lei da Atração. Então, quase todos vivem por um padrão e não têm ideia de que, na verdade, ESTÃO criando sua experiência de vida.

Pelo fato de não saber que você é o criador deliberado de sua experiência, você fica vulnerável a ser influenciado por fontes externas e suas energias. Desde que nasceu, você foi exposto a enormes quantidades de informações e crenças, uma verdadeira lavagem cerebral. A maior parte de tudo que ouviu estava incorreto. Se você tirar um tempo para observar cada um dos mais de 50.000 pensamentos que ocorrem em sua mente por um dia, notará que a maioria baseia-se apenas no condicionamento passado e que você não está realmente "pensando" neles. Em vez disso, eles estão vindo, quase como tiros de uma metralhadora sendo disparada, em sua consciência. Meu palpite é que, para cada pensamento real que você conscientemente pensa, há outros 500 apenas aparecendo e você nem tem certeza de onde eles estão vindo. Se tentasse rastrear a fonte dos pensamentos que "pipocaram" por conta própria, perceberia que eles não são os seus pensamentos, mas os pensamentos de outra pessoa, aos quais você foi exposto e, que agora, estão se repetindo em sua cabeça. Se eles forem repetidos por tempo suficiente, você realmente acreditará que eles são verdadeiros, quer haja ou não alguma verdade neles. Isso é, especialmente verdadeiro, se você foi criado em uma família religiosa como eu.

Fui forçado a frequentar a escola dominical desde pequeno. Como diácono, meu pai era muito ativo em nossa igreja local e isso representava uma parte importante da sua vida. Quando adolescente, nunca esquecerei como ele ficou desapontado quando disse que não me filiaria à igreja, como membro. Isso nunca tinha acontecido em nossa família antes, então ele ficou um pouco chocado. Uma coisa que tive dificuldade em acreditar foi que quase tudo que ouvi era baseado no que parecia ser uma "fé cega". Quase como quando uma criança pede algo aos pais e estes dizem "não". A criança, então, pergunta: - "por quê?" E a resposta é: -"porque eu disse que não". Para mim, algo nunca "parecia" certo, e agora que sou mais velho, sei exatamente o porquê. A razão era porque eles entenderam tudo errado. Deus não estava em algum lugar distante chamado Céu, esperando que quebrássemos os mandamentos para nos julgar e enviar a um lugar chamado Inferno, onde viveríamos uma eterna condenação! Ah, e a propósito, a definição que eles me deram de Deus foi AMOR. Então, meu pensamento era: se Deus é AMOR, e Ele me ama incondicionalmente, então por que ele me mandaria para o INFERNO como punição? EXATAMENTE, Deus não faria, e eu certamente seria perdoado.

Não tenho certeza de quando isso realmente aconteceu na história. Provavelmente, cem anos depois que Jesus esteve aqui, os homens inventaram sua própria versão do que ele ensinou para se fortalecerem e controlar os outros. Agora, mais de 2.000 anos depois, isso ainda está acontecendo. Afirmar que Deus está em algum lugar fora de você simplesmente não é verdade. Honestamente, temos o poder de criação sobre nossa experiência de vida. Somos todos parte de TUDO O QUE É, e acho que essa é uma descrição melhor do que Deus é. Na bíblia em Marcos, 11:23, há uma citação de Jesus que leio todos os dias: "Pois em verdade vos digo que qualquer que disser a esta montanha: Sê removida e lança-te ao mar; e não duvidar em seu coração, mas acreditar que aquelas coisas que ele diz acontecerão; ele terá tudo o que ele diz". Minha interpretação é que Jesus SABIA que nosso mundo é uma ilusão e que podemos fazer qualquer coisa se ACREDITARMOS que podemos. Ele estava nos ensinando como criar a realidade que desejamos. Ele sabia por sua própria experiência pessoal que FUNCIONAVA! Milagres são coisas que acontecem ATRAVÉS de você, não fora de você. SAIBA agora que tem esse poder e que ele está dentro de você, esperando para ser invocado. Mais adiante neste livro, mostrarei como fazer isso de forma ativa e eficaz em sua própria vida.

A influência da energia exterior

Tudo em nossa experiência é energia. O que você vê, toca ou experimenta quando desce ao menor nível, são apenas diferentes formas de energia, vibrando em ritmos diferentes. Uma coisa que devo alertá-lo é que os lugares podem transferir energia, o que pode afetar a forma como se sente e opera quando está próximo ou mesmo nestes locais. Intuitivamente, você sabe que isso é verdade. Tenho certeza que já teve a experiência de estar em algum lugar e sentir o ambiente pesado. Você não consegue definir o que é, mas sabe que é um lugar onde você não gostaria de estar. Acredito que, nesses casos, estamos captando uma energia coletiva, criada por várias pessoas na mesma área, através de pensamentos repetitivos e crenças semelhantes.

Eu estive em áreas de pobreza e você pode perceber, quando visita estes locais, que é quase como se sentisse ligeiramente deprimido sem nenhuma razão visível. O que está acontecendo é que você está captando a vibração daquela área e, se ficar lá por muito tempo, isso afetará sua realidade de uma forma negativa.

Já vivenciei isso anteriormente, então posso explicar para você como funciona. Por alguns anos, minha esposa e eu moramos em uma grande comunidade de aposentados na Flórida, enquanto tínhamos um negócio no local. É difícil explicar para quem não viveu lá, mas parecia que para cada pessoa feliz havia cem mal-humoradas. Em vez de serem educados e amigáveis uns com os outros, eles eram quase hostis. Quase todos os dias, haviam conversinhas do tipo: "-Você não vai acreditar no que acabei de ver...". Não demorou muito para que minha esposa e eu percebêssemos que aquela atmosfera estava nos afe-tando. Começamos a ser mal-humorados e, basicamente, a agir grosseiramente um para com o outro, o que nunca tínhamos feito antes. Finalmente, percebemos o que estava acontecendo depois que deixamos a cidade e passamos seis meses nas montanhas da Carolina do Norte. Voltar para a natureza, longe de um mar de negatividade, foi simplesmente incrível. Decidimos vender a nossa casa. Na verdade, nem queríamos voltar, mas tínhamos itens pessoais para pegar antes de nos desfazer do imóvel. Quando voltamos de viagem, sentimos ainda mais a energia negativa da comunidade. Era quase como se o volume de negatividade aumentasse diariamente e afetasse todos que estavam próximos. Quando finalmente nos mudamos, percebemos que tínhamos retomado a nossa vida normal. A mudança foi perceptível tanto mental quanto fisicamente e a nossa vibração havia retornado ao seu estado natural mais elevado tão somente pela simples mudança da localização física. Quero que você pense e avalie honestamente o local onde está morando atualmente. Qual é a "sensação" de morar neste lugar? As pessoas aí são felizes ou vivem com medo? Espero que você viva em um bom lugar com uma vibração positiva. Se não, siga meu conselho e afaste-se assim que puder. Será muito mais fácil para você manifestar eventos positivos em sua experiência de vida, se não estiver lutando contra as energias externas que puxam sua vibração para baixo.

As Leis Divinas da sua Experiencia

Uma coisa que você deve entender é que tudo, em sua experiência de vida, operasob um conjunto de leis divinas que estão sempre em vigor. Elas sempre existiram e funcionam da mesma forma para todos. Entender que essas leis existem, e que você pode trabalhar com elas para alcançar o resultado desejado, é nada menos do que ter o poder de todo o Universo sob seu comando. Elas também estão sob seu controle e os efeitos de uma vida inteira de "pensamentos errados" podem ser revertidos, em um instante, por meio do pensamento efetivamente focado. É precisamente assim que os milagres são criados e experimentados na vida das pessoas. Deixe-me dar um exemplo do que estou falando. Há alguns anos, conheci uma senhora que compartilhou uma história incrível comigo e com minha esposa. Ela tinha cerca de 40 anos e havia sido internada com uma doença incurável, mas houve um momento em que tomou a decisão de que estava farta dessa tolice em sua vida e experimentou o que é conhecido como "cura espontânea". Lembro-me dela nos contando sobre como as pessoas que trabalhavam no local, tentavam convencê-la de que ela estava doente e prestes a morrer, enquanto ela dizia: - "sinto-me ótima.

Deixem-me sair daqui!" Ouvir a sua história foi tão inspirador que não tenho palavras para descrever o quão poderoso foi. Por isso, o melhor conselho que posso lhe dar é: ACREDITE em milagres. Eles acontecem todos os dias!

Livre Arbítrio...

Encerrarei este capítulo com uma breve discussão sobre o livre arbítrio. Mesmo que você possa ter feito acordos antes de entrar nesta experiência de vida, não pense, nem por um segundo, que está de alguma forma limitado pelo que as pessoas chamam de "destino". Talvez você tenha configurado algo de antemão que pareça ser um grande desafio. Isso aconteceu apenas porque você sabia que poderia lidar com isso e superá-lo. Era uma oportunidade, uma experiência de crescimento e não um castigo que estava tentando impor a si mesmo. Acho que o termo "livre arbítrio" é melhor descrito como "pensamento livre", pois você é sempre livre para mudar o quê e como pensa. Usar essa habilidade, com eficácia, mudará toda a sua experiência humana e esse poder está embutido em todos nós.

Resumo da Parte I

Espero não ter deixado você perdido com a nossa discussão sobre o que é sua experiência de vida real. A informação que compartilhei me veio através de uma revelação espiritual. Admito que algumas coisas me surpreenderam quando comecei a entender. Se parece que é muito New Age, ou o que quer que seja, não se preocupe com isso. Você não precisa entender como a máquina da criação funciona. Só precisa saber como trabalhar com ela para obter resultados, como falaremos mais adiante.

CRENÇAS LIMITANTES

Antes de nos aprofundarmos na dinâmica da bem-sucedida criação e da manifestação deliberada, realmente devemos falar sobre algo que impede cada um de alcançar o pleno potencial: "nós mesmos". O que quero dizer com isso? É muito simples. Nossas crenças sobre nós mesmos nos capacitam para a grandeza ou nos mantêm em nossa zona de conforto. Ao permanecer na mesmice, não haverá necessidade de se SENTIR MAL por não ter conseguido algo. Ninguém incomoda ninguém e tudo permanece igual.

Por que alguém escolheria ficar na mesmice, sem buscar algo melhor para sua vida? A resposta pode ser resumida em uma palavra: "MEDO". O medo é apenas um acrônimo para "Falsas Evidências que Aparentam Ser Reais". Quase todas as razões ou desculpas, pelas quais a maioria das pessoas não agem, se resume ao MEDO, e 99,99% está simplesmente em sua mente e em nenhum outro lugar. Assim que começar a pensar em como seria sua vida se prosperasse, será bombardeado por muitos pensamentos baseados no medo. Digamos que você esteja pensando em abrir seu próprio negócio e deixar a "corrida dos ratos" para trás. Muito provavelmente você será atingido por estes medos:

- E se falhar e eu perder todas as minhas economias?

- A maioria das empresas fracassa no primeiro ano.

- É muito arriscado ser empresário quando se tem uma família para sustentar. Seria irresponsável da minha parte correr esse risco.

- Se eu tiver sucesso, perderei todos os meus amigos porque eles ficarão com ciúmes.

- Se eu ganhar muito dinheiro, terei que pagar muitos impostos e serei assediado e auditado pelo Imposto de Renda.

- Pessoas que trabalham por conta própria, trabalham sete dias por semana. Se eu fizer isso, perderei o contato com minha família e provavelmente acabarei divorciado e não verei mais meus filhos.

- Antes de tentar fazer algo novo, é melhor esperar que a economia melhore.

- É melhor esperar, e economizar mais dinheiro, antes de tentar abrir um negócio.

- Não tenho MBA, então é melhor esperar até que eu faça, pois isso aumentará a probabilidade do meu negócio ter sucesso.

- Se eu deixar meu emprego e me tornar autônomo, será difícil conseguir financiamento para comprar um imóvel. Então, devo esperar até comprar a minha casa.

- E se o negócio falir e eu não conseguir encontrar um emprego? O que pode acontecer comigo? Como vou pagar minhas contas?

- E se eu for à falência? Como vou me recuperar financeira e emocionalmente disso?

- E se......(PREENCHA O ESPAÇO) acontecer?

Depois de rolar por uma lista exaustiva de pensamentos, baseados no medo sobre o que poderia dar "errado" ao tentar se tornar um empresário, a esmagadora maioria das pessoas decide jogar pelo seguro e ficar em sua zona de conforto. Falaremos sobre isso mais tarde, mas toda essa decisão, de não se tornar um empreendedor, foi baseada em pensamentos de medo, relacionados a eventos que NUNCA aconteceram. Novamente: falsas evidências que aparentam ser reais. Se isso lhe soa familiar, não pense, nem por um momento, que está sozinho. Você é como quase todas as outras pessoas no mundo.

Então, de onde vêm esses pensamentos e crenças? Eles vieram do seu ambiente, desde o dia em que nasceu, até agora. Vejamos as diferentes fontes que afetaram, diretamente, seu sistema de crenças, sobre si mesmo e o mundo em que vive. Os pais são, de longe, a maior influência que qualquer criança pode ter e exerceram um efeito sobre você, seja bom ou ruim. Infelizmente, a maioria dos pais está apenas transmitindo aos filhos as mesmas bobagens, baseadas no medo, que receberam de seus pais, o que tem acontecido por gerações. Provavelmente, 95% do que você ouviu enquanto crescia era um absurdo absoluto, associado a uma total ignorância da Lei da Atração. Eles não o programaram negativamente de propósito. Eles simplesmente não sabiam de nada melhor.

Além de seus pais, existem outras fontes de influência a que você foi exposto, como:

- Seus amigos

- As escolas que frequentou e os professores que teve

- A comunidade em que cresceu

- A cultura com a qual se associa e suas crenças

- As crenças religiosas que tem e as associadas à religião à qual foi exposto

- As crenças associadas à sua consciência racial

- As crenças associadas ao seu gênero e sexualidade

- As crenças associadas aos seus líderes políticos e ao seu país

O que ouviu de seus professores quando estava crescendo? Eles disseram que você era um estudante brilhante ou que provavelmente deveria procurar uma escola profissionalizante porque não tinha capacidade para se formar em uma faculdade? Se você aceitou a avaliação ridícula deles, que tipo de efeito isso teve sobre suas crenças e sobre o que você poderia ou não realizar?

Em que tipo de comunidade você cresceu e no que a maioria das pessoas que viviam lá acreditava? Você cresceu em uma comunidade com uma mentalidade de pobreza ou que acreditava que poderia alcançar qualquer coisa por meio do trabalho duro? Você acreditou no que todos, em sua comunidade, acreditavam coletivamente?

Você cresceu em uma cultura unida, com rituais e crenças ancestrais, sobre os papéis de filhas e filhos em relação à família e à sociedade? Em caso afirmativo, você aceitou esses papéis predeterminados ou escolheu um caminho diferente?

Qual foi a doutrina religiosa a que você foi exposto? Você acreditou nisso porque todo mundo o fez? Que papel isso está desempenhando hoje em sua vida e como está afetando suas crenças sobre o que você deve ou não fazer? Você acredita que sua raça é um trunfo para o sucesso ou um obstáculo? É verdade ou é apenas uma crença aquilo que a maioria das pessoas que se parecem com você acredita? Você acha que suas oportunidades são limitadas com base em seu gênero ou sexualidade?

Você acredita no que os líderes políticos lhe dizem sobre a realidade, as oportunidades e o que pode alcançar como uma verdade absoluta? Quão exposto você está e qual a sua percepção sobre o que a mídia veicula? Você acredita em tudo que ouve e isto está afetando a forma como você vê sua realidade pessoal? Essas forças externas afetaram e afetam as suas crenças. Além das forças externas, você também desenvolveu um sistema de crenças sobre quem você é e o que pode realizar. Todos nós temos característi-cas diferentes e a maneira como nos identifi-camos conosco mesmo tem um grande impacto em nosso sistema de crença. Muitas pessoas so-frem de baixa auto-estima e não acreditam que têm sucesso ou que poderiam ter sucesso. Ou-tra crença interna, de auto-sabotagem, muito comum é se identificar como uma "vítima" de tudo. É basicamente a sua desculpa para não ter sucesso ou não ser feliz. No mundo da vítima, ela nunca é responsável pelos seus resultados. Identificar quais são suas crenças limitantes é o primeiro passo para eliminá-las de sua experiên-cia de vida. Depois de identificá-las, você pode trabalhar para convertê-las em "crenças fortale-cedoras", que o inspiram a realizar coisas cada vez maiores. Para cada crença limitante que você identificar em si, quero que dê uma olhada bem firme e descubra de onde vem essa crença e se ela é verdadeira. Muito provavelmente, é apenas um pensamento repetitivo e é completamente falso. Remover crenças limitantes é fácil, uma vez que você as tenha identificado. As declarações de afirmação são uma excelente maneira de substituir crenças limitantes por crenças fortalecedoras. Para cada crença limitante que você identificar, crie uma declaração de afirmação que atue para remover e substituir a crença limitante. Suponhamos que você tenha a crença limitada de que não tem dinheiro suficiente disponível para apoiar uma instituição de caridade local. Uma grande afirmação que você poderia repetir durante o dia poderia ser: "Sou abençoado (a) com abundância. O dinheiro, mais do que suficiente, está sempre disponível quando eu preciso". As afirmações nos empoderam e neutralizam os efeitos de quaisquer crenças limitantes. Lembre-se de que as crenças limitantes muito provavelmente têm feito parte de você por vários anos, então não espere que desapareçam da noite para o dia. Com a consistência de suas afirmações, e por meio do controle de seus pensamentos, você pode realizar a mudança necessária para avançar e remover os obstáculos que colocou em seu caminho sem se aperceber. Quero enfatizar o quão importante isso é para o seu sucesso pessoal. Suas crenças e expectativas, sejam elas positivas ou negativas, criam sua realidade. Para alcançar o sucesso massivo, elimine quaisquer crenças limitantes que possam estar lhe impedindo de avançar. Seu sucesso depende disso. Lembre-se de que NÃO HÁ LIMITES quando trabalhamos com a Lei da Atração a menos que você diga que há. Agora vamos seguir em frente e mergulhar nas sete chaves mestras para o sucesso com a criação deliberada.

CHAVE MESTRA - DECISÃO

A primeira chave mestra que discutiremos é Decisão, pois será a base em torno da qual o resto das Chaves trabalharão. O segredo, e o início de manifestar qualquer coisa, se resume em DECIDIR o que você quer experimentar. Isso parece simples e direto, até que você tenha mergulhando fundo dentro de si mesmo para responder. Uma das primeiras coisas que preciso avisar é que você pode cometer o erro de realizar algo que é o sonho de outra pessoa e não o seu. Isso é mais comum do que você pode imaginar. Nós fomos formatados, desde o início, com a ideia de que se agradarmos as pessoas ao nosso redor, obteremos amor e atenção. Muitos mantêm esse padrão, desde a infância, até a idade adulta. Se olhar ao seu redor, e ouvir o que sua família e amigos estão dizendo, verá isso em ação. Quantas vezes em sua vida você não fez o que queria fazer? Ao invés disso, fez uma escolha difícil com base na crença de que "deveria" fazer algo diferente do que gostaria para não ser egoísta. Se você reconhece esse padrão, parabéns, pois agora pode fazer algo a respeito. Não pense que, fazer o que agrada aos outros, é algum tipo de desafio especial. Infelizmente, isso é considerado um comportamento conformista normal.

Poderia ser ótimo, se você fosse o animal de estimação de alguém e dependesse desta pessoa para alimentação e sobrevivência, mas não é. Vou avisá-lo de antemão que, uma vez que você pare de jogar o jogo do "deveria" e comece a jogar o jogo do "primeiro eu", algumas pessoas não ficarão muito felizes, pois você não está mais vivendo em função dos outros.

Não estou dizendo que precisa destruir os seus os relacionamentos, mas qualquer um que seja tóxico, e o atrapalhe, exigirá de si algumas escolhas difíceis. Eu mesmo tive de fazer essas escolhas e sei o que é sentir culpa por dentro e ressentimento por fora. Acredite em mim, a dor temporária vale a pena se você quiser crescer e viver uma vida extraordinária. Meu palpite é que, se você está lendo este livro, é claro que está procurando uma mudança. Uma GRANDE MUDANÇA! Bem se deseja mudar, precisará se sentir confortável com o fato de que está se dirigindo para uma nova e emocionante aventura. Não há paixão na vida se você passar todo o tempo em sua zona de conforto. Se quiser ver os anos desaparecerem rapidamente, aja como todo mundo. O que estou tentando lhe mostrar é a incrível importância de decidir ir atrás do que você realmente deseja. Conheci inúmeras pessoas que acordaram na casa dos 40 e 50 anos e perceberam que passaram todas as suas carreiras profissionais fazendo algo que não gostavam porque se sentiam "presas". Elas acreditavam que era tarde demais para recomeçar e seguir sua verdadeira paixão. Posso dizer isso de maneira convincente porque isso aconteceu comigo. Eu sei o que é acordar e ir para um trabalho que desprezo e, um dia, me perguntar: - "o que diabos eu estou fazendo?

É para isso que estou aqui? Como eu entendi tudo tão errado?" Se isso lhe soa familiar, tudo que posso lhe dizer é que está no lugar certo. O que está vivendo agora é apenas uma experiência temporária. Vamos continuar...

Em primeiro lugar, você deve DECIDIR o que deseja SER, FAZER ou TER nesta sua experiência de vida. Se você puder responder a essa pergunta rapidamente, provavelmente não terá a resposta certa, porque se fosse assim tão fácil de responder, por que você ainda não o fez? Você é um procrastinador talentoso? Para o seu bem, espero que não seja. A melhor maneira de ajudá-lo a responder a essas grandes perguntas é fazer outra pergunta, ou seja, "se dinheiro não fosse um problema e você pudesse fazer qualquer coisa, o que você faria?" Depois de responder a essa pergunta, você está na trilha certa, pois com certeza essa é sua verdadeira paixão. Agora que você respondeu a pergunta "o quê", há uma outra igualmente importante a ser respondida: "por quê?" Uma vez que você acertar o "o quê", a resposta ao "porquê" será profunda e quando for ao âmago dela, entenderá que será por amor, alegria e entusiasmo. A resposta não será do tipo: -"Eu poderia ter uma renda de seis dígitos". Deixe-me evitar que você cometa um grande erro, ao compartilhar alguma sabedoria com você. Se você perseguir o dinheiro primeiro, sempre estará perseguindo a felicidade. Se, em vez disso, buscar a felicidade primeiro, o dinheiro aparecerá e você não precisará persegui-lo. Não há nada de errado em ser rico, mas primeiro escolha a felicidade. Todo o dinheiro do mundo não fará diferença em sua vida se você não for feliz e saudável. Outra coisa que devo compartilhar com você é que quando você cria a intenção do que deseja experimentar, e sabe que será uma sensação boa quando experimentar isso em sua vida, a próxima coisa é desenvolver a capacidade de ACREDITAR que isto pode ser honestamente VERDADEIRO para VOCÊ!

Um dos maiores segredos para criar, e manifestar deliberadamente a vida dos seus sonhos, se resume à sua capacidade de acreditar que ISSO ACONTECERÁ. Você não terá sucesso repetindo afirmações e outras técnicas que vou ensinar se, honestamente, não acreditar que isso possa acontecer. Não estou dizendo que não deve pensar GRANDE. Estou apenas dizendo que precisa ACREDITAR que o GRANDE pode acontecer. Melhor ainda, acredite que o GRANDE JÁ ACONTECEU E QUE ESTÁ A CAMINHO PARA VOCÊ NESTE MOMENTO! Quando você sabe por que quer algo e quando puder ter a sensação de como será quando isso se manifestar, acreditando que é VERDADEIRO e já está a caminho, então você terá dominado a Chave da Decisão.

CHAVE MESTRA- AÇÃO

Depois de dominar a Chave de Decisão, a próxima Chave a dominar é a ação. "Ações, não palavras". Este é um ditado de que gosto muito, pois falar é barato e o Universo não vai comprar sua "conversa fiada". Tudo em nossa experiência é energia e agir envia ao Universo a mensagem de que você está levando à SÉRIO. A maneira mais rápida de sair de onde você está para chegar onde deseja, é começar AGORA! Se você quiser experimentar o fracasso imediato ao manifestar qualquer coisa, simplesmente não tome nenhuma atitude. Se quer alcançar o seu propósito, faça o que estou prestes a lhe ensinar. A maior parte adora manter-se no mesmo *status quo*.

Quando decide viver uma vida sem paixão, apenas para se manter onde está, você não está sozinho. Na verdade, é como todo mundo que se descreve como "normal". O primeiro item da chave da Ação é o que chamo de minha "Hora do Poder". Se você me perguntasse qual o fator mais importante para o meu sucesso com a criação deliberada, a resposta seria praticar minha técnica de Manifestação Visual todos os dias. As técnicas que pratico diariamente inclui:

- Ler material de motivação espiritual

- Ler minhas afirmações escritas e configuradas como declarações do tipo EU SOU

- Trabalhar com técnicas de relaxamento para riqueza e sabedoria.

- Cartões de oráculo

- Texto escritos no meu diário

- Leitura e revisão do meu livro de visão

- Prática da visualização criativa

- Entrar na sensação de como se...

Descobri que a melhor hora para praticar minha hora de poder é de manhã cedo, pois isso impede que as outras atividades de vida diária me atrapalhem. Algumas técnicas parecerão mais fáceis de praticar em certos dias, então não se frustre se um dia seu exercício de visualização não for perfeito. Quando isso acontecer, simplesmente foque mais em outras técnicas, mas NUNCA DESISTA DA SUA HORA DE PODER com a desculpa de que alguma técnica não funcionou. Uma maneira de dominar a Chave de Ação é praticar, assim você vai ganhando terreno e trazendo o seu sonho para mais perto da sua realidade, a cada dia. Um dos primeiros itens de ação que sugiro fazer depois de decidir "o que você quer" e "porquê" é escrever o que chamo de sua "cena ideal". Em sua cena ideal, imagine que tudo em que está trabalhando já se manifestou em sua vida. Agora você está descrevendo em palavras o quão incrível a sua vida é. Quando você tiver feito isso corretamente, toda vez que ler o que escreveu sobre sua "cena ideal", ficará pasmo, pois está começando a sentir que é absolutamente verdadeiro. Depois de desenvolver efetivamente sua "cena ideal", as outras técnicas serão utilizadas para apoiar a sua manifestação.

As Técnicas

Estou constantemente lendo materiais espiritualmente motivadores e há uma quantidade incrível de ótimas obras que você pode acessar gratuitamente na internet. Algumas obras vão ressoar mais em você do que outras, portanto, fique com as obras de que gosta. Nem todos os livros foram escritos para você, mas alguns você descobrirá que foram. Esta é a sua jornada, então corra com o que funciona para você.

Depois de ler algum material espiritualmente motivador, irei ler as afirmações que anotei em fichas e elas são sempre afirmativas como declarações "EU SOU" e estão sempre no presente. Um exemplo de uma afirmação é "EU SOU um Manipulador de Coisas e Experiências Maravilhosas". Você pode lê-los em voz alta ou silenciosamente para si mesmo. Não há caminho certo ou errado, apenas siga o que parece melhor Normalmente, depois de ler minhas declarações afirmativas, escrevo esta pergunta em meu diário: "Qual é a coisa mais importante que preciso saber hoje?" Em seguida, faço essa pergunta ao Espírito. A clareza das informações que recebo é quase espantosa em alguns dias. As informações ficarão mais claras, a cada dia, à medida que a sua intuição cresce. Confie. Se a informação não estiver clara, simplesmente faça a pergunta novamente, e continue perguntando, até que a resposta faça sentido para você. É seu direito absoluto pedir ajuda e orientação, então não sinta que vai ferir os sentimentos do Universo ao perguntar mais de uma vez. Para melhorar esta experiência, há algum tempo passei a fazer esta técnica utilizando os cartões do Oráculo Diário de Riqueza e Sabedoria do meu amigo Jaden Sterling. Não se limite por isso. Este foi apenas um recurso adicional que usei.

Acredito que as informações que recebo vem, na verdade, do meu Eu superior. Após isso, faço uma sessão escrita, escrevendo em meu diário, agradecendo por tudo ter se tornado uma realidade agora mesmo e pelo quão incrível a minha vida é. Pense nisso quase como uma vívida nota de agradecimento que você está compartilhando com Deus. Ao fazer isso corretamente, terminará de escrever com lágrimas de alegria nos olhos. Eu normalmente escrevo de uma a duas páginas, mas você pode escrever mais se estiver inspirado. Deixe as coisas fluírem e nunca tente "forçar" para que isso aconteça. Após escrever, leio algumas citações motivacionais que adicionei ao meu livro da visão, e reviso as fotos que são uma representação visual de minha cena ideal. Assim que as imagens estiverem frescas em minha mente, fico quieto e faço o meu exercício de visualização criativa, que para mim é a técnica mais poderosa. Procuro relaxar e então, fecho os meus olhos e vivencio a cena ideal em minha imaginação como algo concluído e real. Esta técnica é poderosa e manifestei coisas em minha realidade que eram quase "cópias de carbono" do que eu tinha visualizado. Algo quase inacreditável. Uma vez que as fotos, e a experiência associada a esta, tenham se manifestado, movo-as para o final do livro, em minha seção de "missão cumprida". Reviso ocasionalmente estas páginas, pois são como uma "prova", uma confirmação adicional de que esse método FUNCIONA!

Depois da técnica de visualização, a próxima coisa que faço é reescrever os meus objetivos em um cartão que carrego comigo ao longo do dia, que também funciona como uma lista de "tarefas a fazer", pois escreverei as coisas que são importantes para aquele dia. Isso encerra o que faço todas as manhãs da minha vida. Ao longo do dia, pratico outra técnica que chamo de

"COMO SE...", onde vou voltar a ter a sensação de que tudo em minha cena ideal já se manifestou. Acredite em mim, se você fizer o que eu faço todos os dias, terá dominado a Chave de Ação e os milagres serão SEUS!

CHAVE MESTRA - FOCO

A habilidade de controlar, conscientemente, os seus pensamentos, e permanecer focado naquilo que deseja, é a próxima Chave que você deve dominar. Há um poder incrível no pensamento focado; quanto mais focado seu pensamento se torna, mais cedo manifestará qualquer coisa em que esteja trabalhando. Ter a capacidade de manter o foco no que você deseja, quando parece que o mundo está desabando ao seu redor, não é uma tarefa simples. A maioria das pessoas passou a vida inteira se preocupando com as coisas e vendo acontecer justamente o que temiam.

É o mesmo princípio em ação e funciona sempre. A maior parte das pessoas acredita, por puro pessimismo, que as coisas estão ficando piores para elas. A coisa mais louca, porém, é que não conseguem acreditar que se mudarem o foco do pensamento, e deixarem de se concentrar no que "não querem", trarão para si uma realidade diferente e melhor. Uma das melhores citações que já ouvi foi que "preocupar-se é como orar pelo que você não quer que aconteça". Quando você está em um estado de preocupação, medo ou, pior ainda, crise, é quase como se sua mente tivesse sequestrado seu ser e estivesse causando o seu sofrimento mental e físico. Acredite em mim, eu mesmo já passei por isso e trabalhei com clientes quando eles estavam passando por esses estados. Não é um estado em que você queira permanecer por muito tempo. O truque para matar esses "monstros" é tomar a firme decisão de que a sua mente tem de trabalhar para si, pois é você quem está no comando, e não o contrário. Isso interromperá o "trem do medo" para que você possa sair dele. Se não fizer isso, vai andar naquele trem até que ele bata como no caso do famoso maquista Casey Jones.

Esteja consciente de cada pensamento que passa pela sua cabeça e pergunte-se: "este pensamento está me capacitando para alcançar o que eu desejo ou é apenas um pensamento negativo, baseado no medo, que está tentando me impedir de mudar?" Quando você começar a fazer isso, quase parecerá um trabalho ininterrupto, pois provavelmente você não tinha ideia da quantidade de pensamentos negativos que passava pela sua mente, dia após dia, vários anos. A boa notícia é que fica cada vez mais fácil fazer a mudança, pois quanto mais se concentra no que deseja, menos espaço há para os pensamentos negativos existirem.

APARÊNCIAS

Outro importante segredo do sucesso é nunca focar nas aparências externas como algo permanente. Por exemplo, imagine que tenha sido dispensado de um emprego que, no fundo odiava, mas que estava com medo de sair. Em vez de se concentrar no medo de encontrar um novo emprego, deve se concentrar no fato de que isso aconteceu como uma bênção PARA VOCÊ. Milagrosamente, alguns dias depois, você consegue um novo cargo que paga mais e que você ama! Às vezes, as maiores bênçãos que recebemos vêm disfarçadas de eventos negativos. Sabendo disso, mantenha o foco, pois não importam as aparências, o que deseja já está acontecendo PARA VOCÊ. Praticar o foco controlado nos eventos que acontecem PARA você, neutralizará o efeito de quaisquer pensamentos negativos que venham a sua mente. Ao manter o foco, estará atraindo aquilo que deseja. Quanto maior for sua capacidade de se concentrar na realidade desejada, mais cedo isso aparecerá em sua experiência. Você saberá que domina esta técnica quando as pessoas ao seu redor pensarem que você deve estar delirando! Afinal, quem, em sã consciência, poderia acreditar que está funcionando quando parece ser tudo, menos isso? Quando chegar a este ponto, e conseguir controlar sua mente, terá dominado essa chave e o sucesso será seu!

CHAVE MESTRA - FÉ

A próxima chave mestra que discutiremos é a fé, que pode ter muitos significados. Primeiro, vou supor que você acredita que existe um Eu Superior, Deus, Grande Espírito, Fonte de Energia ou como você preferir chamar. Gosto de usar a palavra Espírito, pois deste modo não entro em crenças religiosas. Não estou aqui para debater sobre religião. Peço-lhe que, por um momento, coloque qualquer crença religiosa de lado. Tenho uma conexão incrível com o Espírito. Me conecto e comungo com o Espírito todas as manhãs.

Uma coisa que quero compartilhar com você também, é que não sou o que chamariam de uma pessoa religiosa. Acredito no Espírito, só não sinto necessidade de ter nenhum dogma para me conectar com a Fonte. Você é parte do Espírito, quer perceba isso ou não. Ele está consigo e o ama além da medida. Está sempre presente para ajudá-lo, mas não vai microgerenciar sua experiência de vida.

Dominar a Chave Mestra da Fé é extremamente importante para dominar a criação deliberada. Quando me refiro à fé, não estou falando de "esperança". Esperança para mim é uma palavra muito fraca, pois soa como "espero que funcione", o que para mim representa a falta de fé. Agora vamos comparar com: "EU SEI QUE ISSO FUNCIONA".

Você precisar chegar a um padrão em que fé seja "conhecimento. "Saber" está além de acreditar, na verdade você nem precisa pensar sobre isso, pois isso se torna parte de você, da sua vida cotidiana. Ter fé no nível do conhecimento verdadeiro, virá a você com o tempo, se continuar trabalhando com o Espírito. Sei disso por experiência própria. Acredite em mim. Depois de manifestar as coisas que desejar, seu nível de fé aumentará dramaticamente, pois terá provado para si mesmo que funciona. Assim que isso acontecer, você estará se perguntando sobre o que mais deseja experimentar e, munido de uma fé ainda maior, o tempo para sua próxima manifestação será abreviado. Uma das melhores coisas sobre o domínio da fé é eliminar os "comos".

Quando me refiro aos "comos", é você ficar pensando, e se perguntando, "sobre como" o seu milagre acontecerá. Quando você entra na terra dos "comos", está demonstrando para o Universo que não "confia" no processo. Você quer acreditar, mas ainda persiste em duvidar que isso possa ser verdade para você. Costumo dizer que "quando você dúvida, você retarda o processo". A menos que deseje esperar mais tempo, sugiro fortemente que fique fora dos "comos". Os "comos" são do domínio do Espírito, então deixe-O lidar com as sincronicidades que ocorrerão para que você experimente aquilo em que tem trabalhado. Hoje estou naquele nível de fé que é um puro "saber" que a criação deliberada funciona. Já provei isso, repetidamente, em minha própria experiência. Quando comecei a trabalhar com o Espírito, há vários anos, não estava no nível que estou hoje. Por isso, não sinta que algo está errado, se você ainda não chegou lá. O domínio da Chave da Fé chegará a você com o tempo e, conforme for crescendo, você se tornará cada vez mais consciente de seu próprio poder e capacidade de manifestar o que deseja. Até que alcance o nível de fé que eu chamo de "conhecimento", mantenha o foco e CONFIE no processo. Mantenha esta CONFIANÇA como uma verdade absoluta e "você terá tudo o que disser"!

CHAVE MESTRA - CONSISTÊNCIA

Todos dizem que querem mudanças, mas quantos farão, todos os dias, o trabalho necessário para facilitar a mudança? A verdade é que existem poucos dispostos a pagar o preço. Consistência, de todas as Chaves, é para mim a mais fácil de dominar. Não requer nenhum equipamento especial e você também não precisa voar para o Nepal. Então, por que parece que dominar a consistência é o equivalente físico a escalar o Monte Everest? Para mim, foi fácil dominar a Chave da Consistência. Em suma, eu queria uma mudança em minha vida e faria o que fosse necessário para alcançar o sucesso. Esse compromisso é o mesmo hoje como foi há mais de quinze anos. Um dos maiores segredos do meu sucesso é que compareço todos os dias ao compromisso que firmei comigo mesmo e pratico a minha hora de poder.

Antes de dizer: - "Bem, é fácil para Peter Adams fazer isso. Ele é bem-sucedido e não tem que ir para o trabalho". Bem, antes de chegar a minha posição atual, eu me levantava três horas antes de ir para o trabalho. Ia para a academia, fazia um treino e depois dirigia até a praia para minha "hora de poder". E fazia isso todos os dias. Se estivesse chovendo, simplesmente pegava uma mesa com guarda-sol e, ainda assim, fazia a minha hora de poder. Esse é o nível de consistência que você deve alcançar para dominar completamente a Chave da Consistência. Se você quer resultados, não seja como todo mundo. Falar é barato e falar sobre praticar sua hora de poder apenas quando você "encontrar tempo" para isso é patético.

Tenho más notícias para você: se você não estiver disposto a encontrar tempo para fazer o "trabalho", isso não vai acontecer por si só. Não pense, nem por um momento, que você precisa morar perto da praia, ou no alto das montanhas, para praticar sua hora de poder todos os dias. Você pode, simplesmente, acordar mais cedo e fazer isso na sua casa. Trago tudo comigo, para onde quer que eu viaje, para não perder um único dia. Devo dizer que prefiro estar ao ar livre, na natureza, mas se precisar fazê-lo no meu quarto de hotel, faço. O sucesso com a Lei da Atração é muito simples, uma vez que alguém a explique para você. Se você fizer o que eu digo, você obterá resultados reais. Dominar a consistência não é praticar sua hora de poder durante uma semana e depois desistir porque não manifestou $1 milhão de dólares em sete dias! Isso é, de longe, o erro mais comum que vejo quase todo "novato" cometendo.

Quando o milagre deles não aparece na próxima quinta-feira, eles dizem que a lei da atração não funciona. Depois de dominar a Chave da Consistência, você se compromete a fazer sua parte, todos os dias, até que o seu milagre se manifeste. Pode ser um mês, seis meses, três anos ou mais. Você pode estar pensando que três anos é muito tempo. -Eu não tenho três anos para esperar! Bem, eu tenho novidades para você: e se você não fizer a sua parte, quanto tempo acha que vai demorar? É muito tempo para esperar! Tenho trabalhado com o Espírito há vários anos e ainda não sei quanto tempo levará antes de aparecer em minha experiência. Eu sei que com certeza vai se manifestar, eu só não sei exatamente quando. Gostaria de encerrar este capítulo com uma analogia que postei em nosso blog há alguns anos. Imagine que você é um pescador e está em um barco, em alto mar. De repente, tem um marlin gigante em sua linha. O peixe parece tão grande que você pode até entrar no livro dos recordes. Você sabe que se parar de girar o molinete, nunca levará o peixe ao barco. O marlin do exemplo acima é o seu "milagre" e girar o carretel é a Chave Mestra da

Consistência. Continue girando seu carretel até que seu troféu venha à tona. A luta vale muito a pena !!!

CHAVE MESTRA-CONSCIÊNCIA

Outra chave mestra que pode encurtar muito o seu caminho para alcançar o que deseja é a da consciência. A "consciência" a que me refiro é provavelmente algo de que você nunca ouviu falar antes. Quando me refiro a "consciência", refiro-me a estar consciente da comunicação que ocorre, constantemente com o Espírito, para ajudá-lo em sua experiência. O que estou prestes a compartilhar com você é exatamente o que aprendi e usei com sucesso em minha própria experiência. O que você está prestes a aprender o levará para a "toca do coelho", assim como Alice nos País das Maravilhas. Ou seja, a um outro mundo.

Os exemplos de comunicação que compartilharei com você provêm de minha própria experiência. Tenho certeza de que você já teve exemplos em sua vida em que sua intuição entrou em ação e você teve um "pressentimento" ou "conhecimento" sobre algo. Você não consegue definir exatamente o que é, mas algo está apontando para uma determinada direção ou impedindo-o de fazer alguma coisa. Algumas pessoas simplesmente descrevem esse sentimento como "intuição". Todo mundo já experimentou isso, em suas vidas, inúmeras vezes. Então parece normal e universal, e é. É aqui que começa a nossa conversa sobre consciência. A comunicação que você recebe intuitivamente é, na verdade, uma comunicação vinda do Espírito. Talvez você não saiba, mas podemos aumentar muito a clareza e a frequência deste tipo de comunicação. Através do desenvolvimento consciente de sua conexão com o Espírito, você pode abrir a linhas de comunicação para entrar neste canal, sempre que necessário. O Espírito sabe o caminho mais curto e melhor para seguir e quer o melhor para você. Ele está sempre esperando que você peça ajuda.

Quando fui exposto pela primeira vez à ideia de que cada um de nós tinha guias espirituais e anjos disponíveis para nos ajudar em qualquer coisa, devo admitir que não era algo para o qual eu estava aberto. Isso foi há seis anos e o nível de consciência, e a extensão da comunicação, que tenho agora são incríveis. Admito que, no início, eu era um pouco cético, mas agora acredito totalmente e minha vida é muito mais fácil do que antes de saber como me comunicar com os meus guias espirituais. A melhor maneira de descrever isso é imaginar que tem uma máquina parada em seu porão há muito tempo. Você não tem certeza de como usá-la, pois não sabe as instruções, mas desde muito jovem lhe foi dito para nunca se livrar dela, pois um dia ela poderia salvar sua vida. Essa "máquina" é a sua mente e sua capacidade de se comunicar com o Espírito. Você só precisa apertar o botão "iniciar" para ela funcionar! Deixe-me contar como as linhas de comunicação começaram para mim.

Em 2012, meus amigos Miles e Reba me deram um livro chamado Animal Spirit Guides de Steven D. Farmer. Eles são pessoas generosas, amorosas e iluminadas. Enfim, depois de receber o livro e folheá-lo, lembro-me de ter perguntado a Miles como usá-lo. Ele disse que bastava lê-lo para começar a receber a orientação do Espírito. Disse também para eu prestar atenção nos meus sonhos, todas as noites, e ao que estava acontecendo na natureza ao meu redor. Quase imediatamente, comecei a sonhar com animais específicos. Era quase como se meus guias estivessem esperando por esta oportunidade para se comunicar comigo! A primeira experiência que tive, em um sonho, foi com um corvo gigante. Quero dizer, GRANDE, com quase cinco metros. Eu estava deitado no chão e, quando olhei para cima, o avistei. Ele estava parado, apenas olhando para mim. Senti que ele não estava ali para me machucar, mas era tão grande que acordei assustado. Sendo um dos sonhos mais estranhos que já tive, peguei o livro dos espíritos dos animais e procurei ler o que, simbolicamente, um corvo significava. A mensagem era que algo em que estive trabalhando por muito tempo estava para se manifestar. Algumas semanas após o sonho, compramos outro negócio que mudou nossas vidas e veio até nós do nada. Depois dessa experiência, comecei a prestar atenção a qualquer coisa que tivesse animais, principalmente sonhos. Tenho obtido informações práticas e profundas por meio de meus sonhos, desde então. Mantenho um diário para registrar os sonhos e as suas interpretações associadas. Quando a informação vem dos meus sonhos, confio totalmente e busco implementá-la. Quanto mais atenção prestava nas mensagens recebidas e agia de acordo, mais informações recebia. Hoje isso é simplesmente uma parte normal da minha vida e considero que são informações divinas. Eu quis compartilhar essa história com você para mostrar como meu nível de consciência cresceu. Além dos sonhos, existem várias outras maneiras pelas quais a comunicação pode ser recebida diretamente do Espírito, uma vez que você se torne mais atento e consciente. Uma outra forma de comunicação é através das sensações físicas em seu corpo. Isso acontece comigo quando estou pensando em algo e, de repente, meu corpo se arrepia todo, como se eu estivesse sendo levemente atingido por corrente elétrica. Minha amiga Constance chama isso de "colisões de confirmação".

Outro exemplo de como a comunicação ocorre, é por meio da telepatia. Por este meio, a comunicação não-verbal vem à sua mente, como se fosse uma conversa unilateral. É um pouco difícil descrevê-la com palavras escritas, mas a informação é sempre muito clara e concisa, e geralmente tem importância para uma mudança de vida. O melhor exemplo que tenho disso foi a mensagem que recebi durante o Ironman Havaí.

Era como uma voz interna, dizendo-me que eu tinha CRIADO TODA AQUELA EXPERIÊNCIA. Foi quase como um momento "A Hah" descrito pela apresentadora Oprah Winfrey e, nesta hora, você até se sente mais iluminado. Outra forma de comunicação que tenho recebido é como um "conhecimento intuitivo". Para mim o melhor jeito de descrevê-la é com outra analogia. Imagine por um momento que você, de repente, sabe tudo sobre física quântica e nunca foi a uma universidade ou fez qualquer curso sobre o assunto. Você simplesmente tem a informação instantaneamente, sabe que é verdade e, como eu, tem dificuldade em explicá-la para outras pessoas.

Desenvolvendo sua consciência

Para aumentar o seu nível de consciência e melhorar a sua conexão com o Espírito, o primeiro passo é estar aberto a ajuda. Abandone a ideia de que sozinho você pode descobrir tudo. Se manti- ver essa mentalidade, perderá décadas de tempo procurando respostas para questões profundas, que poderiam ser respondidas em um curto período de tempo. Essa não é uma forma eficaz ou eficiente de gastar sua energia. Eu não sei como você fará. Para mim o melhor caminho foi usar o livro *Animal Spirit Guides* e, simplesmente, prestar atenção nos meus sonhos. Uma advertência muito importante é que você deve acreditar, aceitar e usar essas informações quando elas chegarem. Seus guias espirituais não passarão todo o tempo batendo à porta, se você nunca os atender. Se atender, sua vida nunca mais será a mesma.

CHAVE MESTRA - GRATIDÃO

Se houvesse apenas uma chave que eu pudesse ensinar, e que teria maior efeito positivo em sua vida, essa chave seria a da gratidão. Ela é a chave para uma vida excepcional. Existe algo universal sobre a gratidão. É que ela faz maravilhas em qualquer parte da sua vida. É poderosa e é o material do qual os milagres são feitos. Ser grato por onde você estar exatamente agora é o seu ponto de partida. Muitas pessoas querem agradecer quando as coisas melhorarem, o que é uma abordagem retrógrada e inútil. Não ter gratidão agora é provavelmente a maneira mais certa de ficar preso no lugar em que está. A forma mais rápida de trazer coisas boas para sua vida é ter gratidão não depois, mas AGORA. Assim que você agradece por tudo o que você tem em sua vida, sua vibração muda e você se sente melhor. Quanto melhor você se sentir, maior será sua vibração positiva. Ressoar a vibração da gratidão é o código de Deus para nos trazer abundância. Assim que você agradece, Ele responde. Você se sente bem e o Espírito se sente bem! O Espírito lhe envia mais bênçãos que o fazem se sentir melhor. O ciclo continuará enquanto você permanecer nesse caminho vibracional. Não há limite para o quão incrível a sua vida pode ser. A maneira mais rápida de ter uma reversão negativa da sua "boa sorte" é deixar de ser grato. Você já pode ter visto isso em sua própria vida, mas espero que não volte a ver. Quantas vezes já ouviu falar de alguém famoso que já teve tudo e agora não tem nada? Se você olhasse para suas vidas, veria um padrão pelo qual eles tinham gratidão no caminho ascendente e logo perderam a gratidão no topo, pensando que eram auto-suficientes. No caminho para a destruição, culparam a todos menos a si mesmos. Você não precisa ir a Hollywood para ver isso. Está acontecendo à sua volta. Deixe-me compartilhar um exemplo muito simples de minha experiência pessoal. Alguns anos atrás, minha esposa e eu nos mudamos e fomos morar a cerca de 350 km do local onde crescemos.

Antes de nos mudarmos, costumávamos nos reunir com um grupo de amigos, todos os fins-de-semana. Depois de ficarmos fora por cerca de dois anos, voltamos para uma visita no feriado de Ação de Graças. Nos reconectamos com o mesmo grupo e foi como se nunca tivéssemos partido. As mesmas pessoas reclamavam exatamente das mesmas coisas como há dois anos. Coisam que já vinham reclamando cinco anos antes de partirmos! Ou seja, estavam há sete anos repetindo o mesmo discurso. Já se passaram quase vinte anos deste episódio, e aposto que a "festa da pena" semanal continua a decorrer, conforme programado!

Às vezes, você precisa se afastar de seus amigos e familiares para perceber quanta negatividade os envolve, e da qual você também está se alimentando. Se você não gosta do seu trabalho, seja grato por ter um enquanto procura ativamente por uma nova oportunidade. Estar nessa vibração irá atrair a posição certa para você. Sentir gratidão AGORA por que aquilo que você almeja já está a caminho é a forma como você trabalha com o Espírito para fazer isso acontecer. A maneira de garantir que isso não aconteça é sentar-se e reclamar da sua posição ou trabalho atual. Eu tenho más notícias para você: fazer isso, só vai piorar as coisas até que você acorde e comece a dar graças.

Já ouviu pessoas dizerem que "o que você agradece é o que vem para você"? Embora seja um ditado simples, está repleto de verdade. Deixe-me compartilhar com você um exemplo poderoso desta verdade. Quando trabalhei diretamente com o Espírito para alcançar o que desejava, estava em um ponto da minha vida cheio de desafios financeiros. Em vez de reclamar, pratiquei a gratidão pelas bênçãos em minha vida. Todas as manhãs, eu escrevia em meu diário e agradecia a Deus pelas coisas maravilhosas que eu tinha. A partir daí, o ritual diário se expandiu e agradeci por todas as bênçãos maravilhosas que já estavam a caminho... como não ter dívidas de consumo e o quanto isso era bom. Se você leu meu livro Manifestação Visual, sabe como essa história funcionou. Se você não leu, deveria ler pois os resultados foram INCRÍVEIS e eu manifestei o que chamei dos meus "12 grandes objetivos"

AGORA É A SUA VEZ...

Você é o criador deliberado de sua experiência. Depende de si fazer o trabalho e manifestar a vida dos seus sonhos. Se você puder visualizar em sua mente, estão asseguro que, o que deseja, está disponível para você. O Espírito não faz jogo, e não permitirá que você imagine algo que Ele não lhe dará. Meu desejo é que você pegue essas informações preciosas e transforme na realidade desejada. Você veio a este mundo para viver a vida dos seus sonhos e eles estão a sua espera.

Sabendo a diferença que ser grato fez em minha vida, não poderia deixar de enfatizar, mais uma vez, a importância de ter GRATIDÃO AGORA. Além do amor, não acredito que possamos ter uma emoção mais poderosa. É uma emoção, bem como uma vibração, que pode mover montanhas e mudar mundos, se você se permitir. Quando sua vida se tornar uma oração ininterrupta de agradecimentos, você saberá que dominou esta Chave e sua vida será simplesmente mágica.

Desejo o melhor de tudo para você.

Pete

RECURSOS ADICIONAIS

Web Site:
https://peterdadams.com/

Canal no YouTube:
https://www.youtube.com/user/Visualfestation

Web Site de Constance Arnold:
http://www.fulfillingyourpurpose.com/

Acredite e Manifeste Agora de Constance
Arnold
https://www.loaradionetwork.com/constance-
arnold

Web Site de Jaden Sterling:
https://jadensterling.com/

VibeLife web site:
http://vibelife.org/